# OBSERVATIONS

SUR

LA DERNIÈRE CONSTITUTION

DE LA FRANCE.

# OBSERVATIONS

SUR

## LA DERNIÈRE CONSTITUTION

# DE LA FRANCE,

*Avec des vues pour la formation de la nouvelle constitution.*

PAR DAVID WILLIAMS.

*Traduit de l'Anglois par le Citoyen* MAUDRU.

A PARIS,

Chez les Directeurs de l'Imprimerie du Cercle Social, rue du Théâtre-François, n⁰. 4.

1793.

L'AN 2 DE LA RÉPUBLIQUE.

l'esprit à s'exercer, et la conviction qu'elles y laissent peut céder à de plus solides raisonnemens et à des connoissances plus approfondies. Les vérités, lorsqu'elles n'ont d'autre base que des déclarations, ne peuvent être envisagées que comme des préjugés; et semblables à tout ce qui est point de croyance, elles présentent à l'esprit un obstacle qui ne lui permet ni d'agir, ni de se perfectionner.

Dans le cas où l'on maintiendroit la déclaration des droits, j'ai une objection à faire contre le premier article, qui déclare que les hommes doivent naître et rester *libres* et égaux en droits. Cette prétendue vérité est contredite par le fait, et ouvre un champ à la dispute; ce qui est une objection suffisante.

Si le terme *égalité* est un terme dont on doive faire usage, il faut que ce soit dans le sens que l'on attache à ce mot dans l'article 6.

L'homme naît sous la domination de ses parens; domination qui, en général, est capricieuse et cruelle.

Il ne doit pas vivre sous une autre domination, pour autant que les coutumes domestiques sont sous l'empire des lois, qui, si elles sont justes et raisonnables , envisagent comme égaux entr'eux tous les hommes à leur entrée dans la société , et remédient aux suites générales qui résultent de leur inégalité réelle en pouvoir , en talens et en acquisitions physiques et morales.

Les inexactitudes de langage dans les principes élémentaires, produisent de mauvais effets dans toutes les sciences , sur-tout dans la politique ; et les expressions de tous les axiômes, ainsi que les élémens d'une constitution politique , doivent être soumis à l'examen le plus sévère et le plus scrupuleux.

C'est à cette sorte d'inexactitude qu'il faut s'en prendre, si la dernière dispute provoquée par la déclaration française des droits de l'homme s'est bornée à circuler , sans opérer aucun progrès dans la science de la politique. Les principes échappent toujours aux écrivains polémiques. Leur besogne est de traduire en langue vulgaire des opinions et des axiômes qui, dans le langage rigoureux et scientifique de la philosophie, ne seroient jamais à la portée du commun des hommes. Mais si l'on saisit mal les axiômes, il arrive delà qu'en mêlant le vrai avec le faux, les controversites, qui répandent ce mêlange, font en général plus de mal que de bien au peuple.

Voilà pourquoi, en Angleterre, l'idée d'égalité est une opinion que l'on repousse généralement ou que l'on méprise. En France, il est étrange de voir à quel point on a mal saisi cette opinion, et je n'ai point vu de déclaration qui m'ait plus souvent frappé l'oreille que celle-ci : ,, que les hommes doivent être égaux dans le fait non moins que dans le droit; et que l'on ne verra cesser les agitations et le tumulte, que lorsque les intrigans usurpateurs seront tous de niveau avec leurs concitoyens. ,,

Sur l'article II, j'observe que le but de toute association politique, c'est *la justice*, la liberté pour l'individu d'employer ses facultés sans nuire à personne, celle de résister à l'oppression, et la jouissance assurée de sa propriété.

Les articles III, IV et V sont bons.

### A r t.  V I.

,, La loi est l'expression de la volonté générale. ,, Aucun des traités qui jusqu'ici ont paru sur la politique ne confirmera ce terme *expres-*

*sion*, ni n'autorisera rien de plus que celui de conforme.

La possibilité d'organiser la société en un corps qui fût capable de jugement et de volonté, a fait, par occassion, l'objet de mes réflexions pendant plus de vingt ans : et quoique je n'aie pu, ni satisfaire mon esprit, ni obtenir de personne des lumières suffisantes, je me suis néanmoins laissé souvent entraîner par la foule des écrivains politiques.

La raison n'a d'empire que sur les faits ou sur l'analogie. Guidée par celle-ci dans ses projets et dans ses inventions, elle puise dans ceux-là les conclusions qu'elle tire. Les faits découlent de l'histoire ; et l'analogie, des productions de la nature.

Lorsque l'Angleterre étoit agitée par la perspective d'une guerre avec l'Amérique, guerre devenue l'ère des modernes politiques, je m'étonnois que le peuple, qui d'abord en sentit l'injustice, n'eût pas un mode ou le pouvoir de contrôler le gouvernement. Je connoissois l'influence qu'exerçoit sur l'opinion publique le docteur Franklin, par le canal des papiers-nouvelles, et je lui proposai d'inviter la nation à prononcer, par un folkmote (1) ou une convention, son jugement sur la contestation survenue entre l'Amérique et l'Angleterre. La manière dont il accueillit ma proposition me découragea sans me convaincre ; et ce ne fut pas là la seule preuve qu'il me donna, que la politique n'étoit pas une science à laquelle son génie fût propre.

L'histoire des Germains par Tacite, la Franco-Gallia de Hottman et les différens écrivains qui ont parlé des coutumes des Saxons de l'Angleterre, m'ont convaincu que les premiers efforts des peuples non policés, efforts dont les constitutions et les gouvernemens modernes ne sont que des altérations vicieuses et abusives, étoient la source où il falloit puiser les vrais principes de la société civile ; et dès-lors je pensai, comme je le pense maintenant, que les grands traits d'une constitution vraiment politique, telle que celle que l'assemblée constituante a entrepris de tracer, doivent se trouver dans les coutumes des Germains, des Francs et des Saxons. C'est une

_______

(1) Folkmote, signifie mote . réunion, assemblée ( *Note du traducteur.* ) du peuple.

circonstance à laquelle j'attache quelque importance, vu que les brochures des controversistes et les projets de constitution qui, de nos jours, ont attiré l'attention du public, ont affecté de mépriser l'autorité pour ne rien donner qu'à la raison ; comme si la raison pouvoit faire un pas sans s'appuyer sur l'autorité de la nature ou de l'histoire, ou comme si les différens modèles récemment mis au jour étoient composés d'autre chose que d'anciens matériaux différemment arrangés.

Je reviens sur mes pas. Les Américains ont résisté à l'oppression du parlement d'Angleterre, et se sont vus contraints à se donner une constitution. Je me suis consolé de mon peu de succès auprès de Franklin et du public, lorsque j'ai eu appris que la Pensylvanie avoit préparé la voie, convoqué une convention et fait une constitution. La conduite des Américains a reculé les limites de la politique, mais ces progrès sont peu de chose ; ils doivent leur prospérité à des circonstances qui ne dépendent pas d'eux, et leur sûreté, principalement à leur situation.

De nos jours, le principe de Locke,

qu'un peuple libre doit se gouverner lui-même, a été discuté par la brillante imagination de Rousseau. Mais toutes les formes qu'il expose sont devenues pour moi ce qu'étoient pour Ixion les formes de Junon. Les ouvrages d'Helvétius, et la politique du *systême de la nature*, celle du système social, sont plus corrects et plus de main de maître : et si les auteurs de ces écrits se fussent appliqués à former une constitution politique, ils auroient de beaucoup abrégé les travaux de nos contemporains, ou les auroient rendu inutiles.

La dernière assemblée constituante (quoique maintenant ce soit la mode de la décrier) a incontestablement le mérite d'avoir la première tenté de résoudre le problême de Locke par un essai pratique : et si cette assemblée-ci perfectionne son modèle, comme celle-là a perfectionné celui que lui offroient l'Amérique ou l'Angleterre, la France et l'univers lui prodigueront ces témoignages de satisfaction et de reconnoissance que la sagesse et la vertu mettent au rang des récompenses les plus ambitionnées.

Le premier objet qu'a eu en vue l'assemblée constituante, a été de consacrer, dans sa dé-

claration des droits, le principe qui m'a con-
duit à cette discussion : « que la loi est l'expression de la volonté générale ; » et soit res-
semblance de génie avec leurs ancêtres, soit
lecture des livres, les législateurs ont adopté le
même mode d'organisation que les Francs et les
Saxons.

Il ne m'a pas été possible de remonter à la véri-
table origine de la représentation. Mais comme
d'ordinaire le bien naît du mal, il est probable
qu'elle a sa source dans les maux du systême
féodal. Nombre d'essais et d'expériences
prouvent que les nations, pour être représen-
tées, doivent être divisées ; ou plutôt il est de
fait que les peuples partagés en districts ont eu
des délégations auxquelles ils ont donné le
nom de représentation. Mais ces divisions
doivent - elles être l'effet du hasard, comme en
Angleterre et en Amérique, ou y a - t - il une
règle, un principe ou une raison d'après laquelle on puisse les créer comme chez les
Francs, chez les Saxons, et dans la dernière
constitution française ; c'est une recherche à
laquelle je vais me livrer, afin d'aider à obtenir ce que l'on cherche, « la volonté générale
ou nationale ».

L'imagination de l'homme, dans tous ce qu'elle enfante d'utile et d'élégant, consulte toujours la nature ; et le premier effort qu'ait fait l'esprit humain pour imaginer une société qui se gouvernât elle-même, doit avoir pris pour modèle la constitution de l'homme. Tel est le cas où je me suis trouvé, et j'observe que les mêmes rapports et la même analogie ont récemment guidé plusieurs de ceux qui ont conçu le projet d'une constitution libre, et publié leurs plans.

Mais quelque justesse qu'il y ait dans l'analogie générale, le constructeur de la machine politique n'en est pas moins obligé de laisser là bientôt son modèle. La manière dont la sensibilité générale devient pensée, ne sauroit être imitée dans la société ; or sans cela, comment obtenir une opinion nationale ? Au mode de la nature, nous substituons ce que nous nommons représentation ou délégation ; et c'est de la manière dont sera constitué ce pouvoir que doivent dépendre les propriétés et les facultés d'une constitution politique, jusqu'à ce qu'un nouveau Newton en politique affranchisse du joug des déclamateurs la science, et découvre un mode d'imiter la nature, plus voisin d'elle et qui soit meilleur.

L'assemblée constituante a commis une erreur dans la première mesure qu'elle a adoptée, et la dernière assemblée nationale n'a fait que pallier le mal sans le guérir. La science est mère du courage, ainsi que toutes les autres vertus, et le préjugé ou la timidité sont aussi blâmables que pernicieux, lorsqu'ils rejettent quelques-uns des matériaux qui doivent entrer dans l'ensemble d'une constitution ; car la constitution doit embrasser les hommes de tout âge, de toute classe, de tout sexe et de toute couleur, les individus étant les mêmes ; sans quoi, elle deviendra une source d'inconvéniens et de maux.

Le premier article, l'article fondamental d'une sage constitution, c'est que tous les habitans raisonnables du district ou du pays soient citoyens, avec la seule exception suivante par rapport à l'âge, au sexe ou à l'emploi.

L'âge. — Quoique les enfans soient des objets importans dans la constitution, et que leur éducation, celle qui leur convient, soit au nombre de ses plus heureux effets, on ne doit les considérer que comme des candidats qui aspirent au rang de citoyen, qu'ils obtiendront dès qu'il seront parvenus à un certain âge qui n'excédera pas celui de vingt ans ; à moins qu'ils n'aient souillé leur jeunesse de certains crimes que l'on spécifiera.

Le sexe. — Quoique le physique des femmes, leur destination et leur emploi, les éloignent d'un grand nombre des devoirs de citoyens actifs ; quoique, suivant l'opinion publique, l'homme et la femme unis par le lien du mariage puissent être envisagés comme un être moral dont l'opinion est une ; il n'en est pas moins vrai que, là où ce cas n'existe pas, lorsque les femmes restent filles ou qu'elles deviennent veuves, elles ont incontestablement le droit de voter, droit dont la privation, en réduisant leurs talens à opérer par l'intrigue une influence indirecte, est une injustice de laquelle il résulte de nombreux inconvéniens. Dans toutes les disputes de femme à femme, le juré doit toujours être du même sexe, et dans toutes celles qui naissent entre homme et femme, ainsi que dans tous les cas qui ont rapport au mariage ou au divorce, le juré doit

être

être de l'un et de l'autre sexe par moitié L'é-
ducation des femmes, celle qui leur est con-
venable, les mettra également en état de re-
prendre le rang et les fonctions dont les ont
exclues de mauvais gouvernemens et des coutumes vicieuses.

L'emploi. — Les domestiques jusqu'ici n'ont
point été admis au rang des citoyens ; et l'injustice, par l'ordinaire effet de l'injustice, a
donné naissance à un grand nombre de leurs
vices. Dans la position équivoque où ils se
trouvent placés aujourd'hui, entre la liberté
et l'esclavage ; ils conservent les vices de la
dernière de ces deux conditions, sans acquérir les vertus de l'autre. Ce n'est que par la
justice que nous pouvons amener le règne
des vertus, et le rendre stable : et si vous ac-
cordez aux domestiques d'un certain âge, la
qualité de citoyens, après certaines preuves
de bonne conduite, vous en ferez ce qu'ils
doivent être, des amis humbles, au lieu d'a-
voir en eux des ennemis cachés et des fléaux
perpétuels, tels qu'ils sont. Les maux qui pénètrent dans la vie domestique, faute d'attention de notre part à la cause qui les pro-
duit, ne peuvent jamais être compensés par

B

aucune autre mesure dans aucune constitution politique.

La société, quand elle sera ainsi débarrassée et devenue libre des usurpations et des coutumes qui peuvent en avoir enchaîné les différentes portions, se trouvera dans un état de *liberté politique*, et aura le choix du mode suivant lequel elle se gouvernera. Ce choix une fois fait, les individus se dépouillent de cette liberté, mais la société la garde en sa possession ; et c'est-là une distinction qu'il faut avoir grand soin de faire remarquer au peuple. Car, si c'est la liberté et non la justice que l'on suppose devoir être le but d'une constitution appelée libre, sous prétexte que le choix que l'on en fait est libre, le peuple s'aigrira, deviendra licencieux ; et tous voudront exercer, chacun pour soi, un pouvoir qui ne réside que dans la société.

Dans cet état de liberté politique, la société a le choix de tous les modes capables de donner le plus d'énergie aux facultés et aux talens de ses membres, et de les rendre les plus heureux qu'il soit possible.

Elle ne peut agir en masse, quelque peu

nombreuse qu'elle soit , quand même les hommes auroient les chimériques vertus des dieux. La société, ainsi que la matière, ne peut acquérir de facultés , de pouvoir, de jugement et de volonté , que par l'arrangement et l'organisation.

Dans le corps humain, les notions que fournit la sensibilité générale , ne sont pas la pensée ou l'opinion de l'ensemble ; il en est de même de la société : les opinions , les intérêts et les vues de tous les individus pris séparément, si tant est que l'on puisse les prendre séparément , ne présentent pas immédiatement l'intérêt , l'opinion ou la volonté de la totalité.

Il est donc nécessaire qu'un organe analogue à l'économie de la structure humaine, concentre , compare et concilie toutes les opinions et toutes les vues informes et variées de tous les membres de la société pour en faire un ensemble.

C'est ici que se présente toute la difficulté qu'il y a de former une constitution politique.

Si l'on pouvoit prendre , chacune à part , les opinions de tous les individus, on les trouveroit différentes et inconciliables à plusieurs égards. Le peuple , généralement parlant , n'a pas le tems de porter un jugement général ; et quand même il en auroit le loisir, il seroit trop influencé par des intérêts locaux et individuels. A l'imitation des sens externes, il sent et envoie l'expression des convenances et des disconvenances, mais il n'est ni assez distant des objets , ni assez froid, ni assez désintéressé pour en découvrir les causes, pour les comparer, les adopter ou les rejeter. Delà la nécessité d'une espèce de commission ou délégation dont les fonctions participent de la nature de la représentation , ainsi que de l'arbitrage , et dont les membres soient les élémens de la raison publique.

Cette nécessité s'est fait sentir aux facultés brutes et vigoureuses de nos ancêtres : et le politique judicieux trouvera , pour son génie , plus de lumières et plus de ressources dans Tacite, César , Selden, Spelman, dans la Chronique saxone , la Franco-Gallia de Hottman , et la collection des loix anglo - saxones de Wilkin , que dans les brochures indigestes et dogmatiques des tems modernes , dont les auteurs ont saisi par hasard les traditions des expériences que rapportent ces respectables écrivains , et les ont transformées en divers systêmes , fruits de leur fantaisie.

Tous les modernes dévastateurs de l'Europe, que nous qualifions de barbares, parce que leur manière de dévaster diffère de la nôtre, ont essayé, par-tout où ils se sont établis, de former des gouvernemens constitutionnels ; et ce que nous disent de leurs efforts les historiens, qui souvent ne sont pas assez pénétrés de leur importance pour offrir là-dessus ne fût-ce qu'une opinion, sont des autorités que l'on ne sauroit contester, ni ranger parmi les visions et les fantaisies de gens à projets. Les effets de leurs institutions, il est vrai, ont été de courte durée ; mais c'est que les sociétés elles-mêmes étoient englouties dans le torrent des fluctuations d'un carnage universel.

Après de fréquens essais sur les effets des assemblées générales, même de petites tribus, pour manifester la volonté publique, on a eu recours à une organisation belle et simple. Dix familles formoient une association qui choisissoit son arbitre ou son juge en tems de paix, et son chef en tems de guerre, et qui, responsable de la tranquillité et des mœurs extérieures de l'assocation, assuroit la police la plus exacte. Chacune de ces associations acquéroit une opinion commune, un intérêt

commun et un vote commun. Dix associations
envoyoient chacune un député dans un lieu
dont on étoit convenu, servoient d'arbitres,
concilioient les intérêts, et exprimoient ce
que l'on pouvoit nommer la volonté des cents.
C'est ainsi que l'on procédoit par des représentations de représentations, jusqu'à ce que la
société entière (pour me servir de l'expresssion
ordinaire), fût représentée par une assemblée
générale.

Je ne présente pas ce plan comme un plan sans
exception; quoique, selon moi, il en offre moins
qu'aucun de ceux qui jusqu'ici ont été mis à
l'essai : et je suis très-porté à croire qu'entre les
membres de l'assemblée constituante, les gens de
loi versés dans l'antiquité, ont rassemblé les
diverses parties de ce plan, qu'ils ont fait servir de guide à leur imagination. En effet, l'idée
qu'un arrangement essentiellement républicain
tel que celui-là, pût être associé avec les pré-
rogatives de la royauté et les priviléges d'une
superstition établie, est une idée extraordi-
naire, qu'il eût été difficile de concevoir, sans
avoir eu recours à l'exemple de nos ancêtres.

Mais l'assemblée constituante n'a pas toujours copié nos ancêtres ; elle s'en est écartée
dans ses divisons primaires, et en cela elle

a, selon moi, commis une erreur fondamentale.
L'industrie générale, la sobriété et les mœurs
du peuple ne pourront jamais se conserver,
si les citoyens sont fréquemment détournés de
leur emploi, et obligés de se mêler dans des
assemblées distantes et tumultueuses : et quand
même on éloigneroit du danger de se corrompre les sources d'où nécessairement doivent
découler la félicité générale et le bonheur particulier, il n'en seroit pas moins vrai que de
grandes assemblées, toujours orageuses, ne
serviroient qu'à donner l'essor à des passions
dominantes, sans jamais produire un jugement
général. C'est une vérité aussi facile à démon-
trer, qu'il l'est que jamais l'ours ne fera enten-
dre les accens mélodieux du rossignol : et si
l'histoire ne fournissoit pas des faits propres à
venir à l'appui de ce que j'avance, chacune des
expériences récemment faites en France, four-
niroit là-dessus des preuves en abondance.
Par-tout et dans tous les cas, le peuple s'est
rassemblé en trop grandes masses, que rien
n'a pu pénétrer ou agiter, si ce n'est les passions
les plus violentes ou les plus funestes. La raison, le jugement et les vertus publiques, de-
mandent une organisation peu nombreuse et

clair-semée , par où elles puissent, d'une manière réglée , influencer en silence la communauté entière.

Ainsi , selon moi , une vérité qu'attestent
toutes les expériences dont l'histoire fait mention , un axiôme aussi clair qu'aucun axiôme
d'aucune science , c'est que les chefs de famille
que le travail et l'industrie occupent , et que
l'on peut nommer le peuple de toute communauté , doivent d'abord être divisés en un
nombre de parties tel que ces portions , sans
interrompre le cercle établi des travaux et les
préjugés nécessaires de l'industrie et de la perfection , soient susceptibles d'une communication réciproque , et puissent admettre la formation d'une opinion et l'expression du consentement et de la volonté.

Ces divisions , on les trouvera , si l'on porte
un œil attentif sur tous les expédiens propres
à les faire correspondre avec celles de nos ancêtres ; et les premiers instrumens de la sensibilité , dans le corps politique, seront analogues
à ceux du corps naturel : elles fourniront toutes
les notions nécessaires du bien et du mal qui
les affectent , ainsi que les effets des mesures
qui les produisent , et renverront la formation

de ces mesures à d'autres organes, sous leur contrôle, mais avec des avantages supérieurs, pour comparer les circonstances liées entr'elles par des rapports, et pour exercer la raison et le jugement.

Il n'est point de science qui offre aucun problême qui m'ait paru démontré d'une manière aussi satisfaisante pour moi que celui que je considère, et je n'en connois pas de plus important ; les réglemens en vigueur en France, et les habitudes qui y règnent, en admettront-ils l'application, et jusqu'où ? C'est une autre question.

On a accoutumé le peuple à de plus grandes assemblées. La démangeaison de parler, ou l'ambition de se distinguer dans l'art oratoire, s'est réveillée dans ceux qui pouvoient prétendre à des succès, et l'on a créé nombre de petits emplois et d'offices qui favorisent les intrigues des artificieux et des entreprenans : ces hommes sont des fléaux qui bientôt pénètrent le corps entier, l'agitent ; et quand ils sont las de la mauvaise structure qu'ils ont imaginée, ils en interrompent les offices et en assurent la dissolution par des convulsions perpétuelles.

Les effets que je viens de décrire ont déja éclaté en France, et s'y multiplieront, à moins que les nouveaux arrangemens ne tendent à subdiviser le peuple, au lieu de le convoquer en grandes masses ou en assemblées tumultueuses.

En maintenant la division générale par départemens composés d'un nombre égal de constituans, et en multipliant, autant que faire se peut, les divisions primaires du peuple, on doit accorder aux citoyens la faculté d'émettre, dans le choix des délégués, leur consentement et leur vœu ouvertement, avec la liberté qui convient à des hommes libres, sans recourir à des inventions compliquées et secrettes. Le jeu varié du ballottage est à la vertu publique ce qu'est au courage public l'art de la fortification ; il l'énerve et la corrompt, au lieu de la conserver et de l'encourager. La crainte qu'une opinion publique ne soit influencée est un fantôme né des opérations du pouvoir sur la superstition et sur l'esclavage ; et la supposition que l'art du ballottage ferme tout accès à l'intrigue, est une supposition démentie par tous les faits, depuis l'institution du ballottage de Venise, jusqu'à celui de la compagnie des Indes en Angleterre, lequel sert de voile à un genre de vénalité et de corruption que, chez aucun peuple, on ne pourroit mettre en œuvre en plein jour.

Mais je veux qu'il soit possible de trouver un mode de ballotter inaccessible à l'intrigue, chose aussi impraticable à mon avis, qu'il l'est de faire une fortification qui soit imprenable. Toujours sera-t-il vrai de dire que les assemblées primaires sont les véritables écoles du peuple, celles qui produisent le plus d'effet, et que, si elles ne sont pas des écoles de vertu, on ne trouvera de vertu nulle part. Dans les opérations constitutionnelles d'une république, il ne doit point y avoir de secrets ni d'artifices. Il faut que le peuple saisisse chaque proposition qu'on lui fait, et qu'il l'approuve ou qu'il l'improuve suivant les lumières de sa conscience. L'influence de la propriété peut accidentellement prévaloir, ainsi que celle des talens ; mais peu à peu le peuple s'élevera au-dessus, et acquerra le caractère d'une vertueuse indépendance, qui seule assure la liberté politique.

Quant à l'élection des délégués et à leur mission, je ne vois qu'un mode qui, soumis à certaines restrictions, soit praticable et efficace, pourvu que ces restrictions lui servent toujours de règle.

Chaque division primaire, dans chaque département, doit envoyer, dans un lieu central, un délégué avec les noms des citoyens qu'elle a jugés propres à être les députés du département à l'assemblée générale de la république. Les délégués, après s'être rassemblés, feront partir une liste générale de tous les noms, laquelle sera reportée par chaque délégué à sa division. Une marque ou un sceau, de nature à n'être pas aisément contrefait, sera attaché au choix de chaque division ; le nombre des députés sera déterminé ; et ceux qui auront obtenu une majorité de vote, doivent, au retour des délégués, être déclarés duement élus. Les délégués ne seront que des messagers, de façon à ne pouvoir se laisser corrompre, ni favoriser aucune vue oblique. En effet, dans une république bien organisée, il n'y aura pas de pente à corrompre qui soit générale et décidée.

Dans une république composée de 84 départemens, et j'aime à croire qu'il n'y en aura pas davantage, la législature ordinaire, selon moi, doit n'être composée que de deux, ou tout au plus, de trois députés par chaque département, et ses sessions doivent être annuelles.

L'un ou l'autre de ces deux nombres, et je préférerois le moindre, suffiroit complétement à tous les besoins de la législation et aux réglemens sur l'agriculture, sur les manufactures et sur le commerce, etc.; un plus grand nombre ne serviroit qu'à enlever aux différentes parties de l'état, des talens que l'on pourroit employer plus utilement, et qu'à produire une grande assemblée qu'il seroit impossible de diriger, et dont les membres, faute d'occupation suffisante dans leur députation, formeroient des cabales et des intrigues pernicieuses dans leur objet.

Tous les quatre ans, les départemens doivent élire une convention qui s'occupe d'objets tout-à-la-fois constitutionels et législatifs, qui fasse une révision de la constitution, en corrige les parties, les perfectionne, confirme ou annulle les actes de la législation, et approuve ou improuve les autres branches du gouvernement que je décrirai plus bas.

Un tel arrangement n'est pas nouveau,

quoique plusieurs dogmatistes de nos jours, gens à projets ; affectent de le considérer comme tel : et je voudrois opposer à leur imposture le contre-poison , parce qu'elle enchaîne les progrès des vraies connoissances. Car en même tems que les charlatans en politique abusent de la crédulité, en prétendant donner des choses originales , les idées qu'ils suggèrent et les plans qu'ils indiquent sont suspectés comme de vains songes ou d'artificieux projets de misérables aventuriers , et , par cette raison , méprisés par la partie sobre et sensée du peuple , laquelle les recevroit de bonne-foi et avec respect, si on les lui offroit comme le résultat de l'expérience et le sentiment d'un patriotisme prudent et vrai.

Eloigné que je suis de mes livres , je ne puis citer les nombreuses autorités qui militent en faveur de cette opinion : mais tout homme passablement versé , ne fût-ce que dans l'histoire de France, se rappellera que la législature ordinaire, ou le conseil du roi , étoit une assemblée différente des états-généraux qui étoient conventionnels comme le folkmote des Saxons ; que ces *états* étoient destinés à examiner , et que , durant un certain laps de tems , ils ont effectivement examiné les réglemens ou édits que le conseil et ensuite le roi et le maire du palais publioient ; enfin que les ordonnances, appelées capitulaires, n'avoient force de loi et n'étoient insérées dans le code salique, que lorsqu'elles avoient été approuvées par les *états*. Ces assemblées étoient composées de toutes les classes qui jouissoient alors du bienfait de la liberté.

La convention pourroit être composée du même nombre de membres qui la composent maintenant, mais je voudrois qu'on les choisît d'une autre manière ; celle qu'on a adoptée ne me paroît pas être à la portée générale du peuple ; et quand même elle seroit à sa portée, il n'en est pas moins vrai qu'elle semble tendre à circonscrire son choix dans des cercles trop étroits.

Il ne faut pas que des citoyens, destinés à devenir membres de conseils nationaux, y portent des esprits fortement imbus de beaucoup de préjugés et d'affections locales. En Angleterre, le négociant ou le manufacturier d'un petit bourg est rarement ou n'est jamais un homme d'état. La corruption seule est un obstacle qui empêche celui dont un comté a fait choix de s'élever à la hauteur des fonctions qu'il a été appelé à remplir. Les députés de chaque département doivent non-seulement posséder les qualités requises, comme citoyens, et être à l'abri même de l'imputation de vices infames, mais il faut qu'ils soient parfaitement au fait de l'état où se trouvent l'agriculture, les arts et les manufactures, etc. sans se laisser aveuglément dominer par des intérêts particuliers, dont il sera plus aisé d'écarter l'influence par un choix général du département, que par le choix particulier d'une petite division. Les hommes d'ailleurs seront plus disposés à élever leur esprit à des sujets et à des vues générales, s'ils sont appelés à représenter, non une foible portion, mais une grande masse d'intérêts.

Une convention ainsi convoquée périodiquement, auroit de quoi occuper suffisamment ses comités, etc. pendant un an, pour corriger des erreurs, pour en éloigner les causes, si elles sont dans les loix ou dans la constitution, et particulièrement pour simplifier le code légal, dont la clarté et la simplicité préviendroient les crimes par la manière dont on administreroit

la

la justice, et dont on encourageroit l'industrie
et la vertu.

Cette mesure périodique ne peut qu'être
très-efficace pour maintenir la pureté et la vertu
du gouvernement. Cependant il est bien des
désordres qu'elle ne sauroit prévenir, et qui, dans
un intervalle de trois ans, peuvent influer sur
le gouvernement le mieux imaginé, si l'on souffre
qu'il soit indépendant du peuple. Je voudrois
donc que, tous les ans, en même tems que l'on
choisiroit la législature ou la convention, on fît
choix d'un *conseil de vingt-un membres*, mais avec
ce surcroît de précaution que le choix de ces
membres dût être approuvé par la majorité
de la communauté entière, votant, comme
on l'a dit plus haut, par ses délégués, et
qu'aucun membre ne fût éligible qu'après
avoir atteint l'âge de quarante ans.

Ce conseil sera nommé *conseil constitutionnel*;
et sa principale occupation sera d'observer
toutes les transactions du gouvernement, même
durant la session de la convention, dont les
actes en renfermeront nécessairement beaucoup
de législatifs, et d'en donner connoissance à
toutes les divisions primaires de la République.

La presse vous a rendus libres, et la presse

seule peut consolider votre liberté. Ainsi, il conviendroit qu'aux frais de l'état, ce conseil envoyât à toutes les divisions primaires un tableau fidelle de toutes les transactions publiques; et qu'à son tour, il devînt le centre de toutes les plaintes portées sur les mesures publiques et sur les agens, ainsi que de toutes les vues d'amélioration que l'on présenteroit, pour le tout être communiqué, soit dans le gouvernement, soit dans la convention, aux fonctionnaires, à qui il appartiendroit.

Un mode semblable de communication par la voie du conseil ne contiendroit ni observation, ni remarque; et pour en écarter toute partialité quelconque, on encourageroit, par tous les moyens possibles, les inventions, en mettant à bas prix et en faisant circuler au loin les productions de la presse. Il faudroit qu'il n'y eût aucun droit sur les gazettes publiques, sur le papier, l'encre, les caractères et sur toute autre chose nécessaire à l'impression de ces gazettes; et que l'on considérât comme enfans du public les écrivains utiles, en pourvoyant aux besoins de leur vieillesse et de leurs familles. C'est à quoi l'on parviendroit, à la faveur de quelques dispositions judicieuses, sans nous

inonder d'un déluge de méchans écrivains oisifs
et pernicieux.

A ce conseil, comme à tous les délégués de la
République, seroit assigné un traitement mo-
déré mais suffisant pour les membres dont il
seroit composé. Ainsi que ces délégués, ce
conseil *seroit entièrement destitué du droit de patronage*, qui ne s'étendroit pas au delà des commis et des domestiques du lieu de ses assemblées ; et responsable envers le peuple, qui,
sur une plainte suffisante de quelqu'une des
branches dela législature ou de la convention,
lui feroit rendre compte par devant une commission spéciale ou un tribunal dont je par-
lerai plus bas.

Outre cette surintendance générale , qui,
en cas d'urgence et de danger pour le salut
public, autoriseroit les membres de ce conseil à convoquer une convention extraordi-
naire, ce même conseil serviroit de dépôt
général à tous les renseignemens, plans et
inventions importantes, etc., relativement à la
République. Il établiroit aussi un tribunal
d'appel et de jugement qui prononceroit sur
toutes les petites contestations qui, sans être
des délits contre la chose publique, naîtroient

entre les divers départemens du gouvernement
ou leurs membres ; sur la validité des élections ;
et sur l'aptitude d'un député à être réélu dans
quelque branche d'administration ou de gouvernement.

Ce conseil seroit aussi le canal par où l'on com-
muniqueroit avec les puissances étrangères, dont
il recevroit les ambassadeurs ordinaires et ex-
traordinaires, sans pouvoir en nommer aucun.

Le conseil peut désigner et recommander un
ambassadeur ; mais nul individu ne doit représenter le gouvernement de la République, qu'il
n'ait été choisi par la République, elle-même.
Les ambassadeurs peuvent être rappelés par le
conseil, sur la requisition d'un ou de plusieurs
départemens, sur celle de la convention, de la
législature ou d'un ministre exécutif ; mais alors
le plaignant doit alléguer des raisons suffisantes
pour déterminer le conseil, et l'ambassadeur
sera tenu de comparoître pardevant un tribunal
que je décrirai bientôt.

Voilà, je pense, le meilleur mode de produire la volonté générale. Ce mode, je l'aurois
exposé dans un jour plus favorable, et ap-
puyé par des autorités d'un plus grand poids,
si j'avois pu composer ces feuilles à loisir et

dans mon cabinet ; mais dans la précipitation d'une courte visite, non rétabli encore d'une indisposition et gêné par de nouvelles coutumes et par de perpétuelles visites, je ne puis présenter mes idées d'une manière qui me satisfasse.

Seront-elles de quelque utilité pour le comité ou pour la convention ? c'est une question moins importante que celle de savoir si le comité ou la convention fera une constitution qui justifie pleinement l'emploi de la phrase : « la loi est l'expression de la volonté générale ».

J'aurois pu continuer suivant cette méthode, critiquant tour-à-tour et parcourant ainsi non-seulement la déclaration des droits, mais encore toutes les parties importantes de la constitution imprimée : mais mon tems ne me le permet pas ici ; et sans doute qu'à beaucoup d'égards, d'autres plumes que la mienne ont rendu superflu ce travail.

Les grandes difficultés d'une constitution politique sont la *production* et l'*exécution* de la volonté générale.

A l'égard des arrangemens destinés à maintenir les loix et à les faire exécuter, si, dans

la direction des conseils françois , j'avois une
influence de quelque poids , certainement je
ferois sur le clergé un nouvel essai.

Je conviendrai que l'éducation d'un prêtre
et sa profession tendent à pervertir son enten-
dement et à corrompre son cœur ; mais les
prêtres sont des hommes , ils sont accessibles
à tous les motifs généraux qui influencent l'esprit humain.

Déjà l'on a fait un essai pour adoucir la
disgrace des scrupuleux ou des réfractaires , en
leur accordant un traitement. Une foible connoissance de la nature humaine auroit pu en
prédire les conséquences. Je comprends que
l'intention est d'abolir tout établissement reli-
gieux , et d'abandonner au peuple le choix de
sa religion ainsi que celui de son clergé. Dans
une vraie République où nulle opinion ne peut
s'étayer de l'autorité , où nulle corporation ne
doit être maintenue et où nulle profession ne
doit autoriser une classe d'hommes à peser sur
l'industrie générale ; un pareille mesure n'a
rien qui ne soit juste et par conséquent rien
qui ne soit nécessaire. Mais ce mal en France
date de si loin, on l'a si adroitement déguisé,
et les préjugés qui le favorisent sont si pro-

fondément enracinés chez le peuple , que si le remède n'est pas prudemment administré , il ne pourra produire que des convulsions.

Toutes les lumières que m'a fournies l'expérience me disent , que l'on doit ranger dans la même cathégorie et le prêtre qui a montré le plus de soumission à la loi qui requiert le serment et celui qui refuse de s'y soumettre ; ils ne valent pas mieux l'un que l'autre : et dans le dernier schisme de l'église française, il se peut que la République n'ait pas suivi la division la plus favorable.

Quant à l'abolition des établissemens , si l'on continue à salarier les prêtres , soit qu'ils remplissent leurs fonctions ou qu'ils ne les remplissent pas, le moindre mal qui puisse en résulter , c'est que l'on entretiendra nombre de gens oisifs aux dépens de la classe industrieuse : car l'éducation et les habitudes de tout prêtre le portent à l'intrigue ; et si vous ne lui imposez pas des occupations utiles , il s'en procurera, lui-même , de nuisibles.

Je voudrois donc , par des réglemens civils, faire passer, dans les canaux des vieilles coutumes, les nouvelles institutions ; rendre utile le clergé dans le civil ; et l'engager à subs-

tituer à un caractère faux un caractère réel
et des mœurs.

Que chaque paroisse choisisse son ministre,
sa religion et ses formes, et que, par le frein
de certaines peines, par l'appât de petites récompenses distinctives, et particulièrement par
les perpétuelles instructions de la presse, on
prévienne, de la part des individus ou des
paroisses, toute violation de ce droit attribué
à chaque paroisse.

Que le prêtre soit continué dans ses fonctions, aussi long-tems que subsistera la bonne
opinion qu'aura conçue de lui la majorité de
ses paroissiens ; que sa nomination lui tienne
lieu d'ordination sans plus de mystère ni de
conjuration ; et que son salaire dépende du
bon plaisir de ses paroissiens et de leur
contribution volontaire. Mais comme cette mesure, prise dans sa totalité, semble précoce
pour le tems où nous sommes, et que l'on
doit continuer aux prêtres de légers salaires
ou un revenu médiocre ; ne seroit-ce pas
prévenir leurs intrigues, les attacher à la chose
publique, que de leur ordonner de partager le
dimanche entre les cérémonies choisies par la
paroisse, et la publication des loix et des ins-

tinutions de la République ? Souffrir que le clergé reste étranger aux mesures prises pour l'instruction publique, etc.; c'est assurer l'inimitié des prêtres; au lieu qu'en les employant, on en fera généralement des citoyens loyaux et utiles.

Mais cette idée, je ne l'offre qu'en passant, et je ne vois pas qu'il soit nécessaire de la développer. En y réfléchissant, on pourroit obvier à beaucoup d'inconvéniens. Le peuple est accoutumé à fréquenter les églises : et si vous concentrez en un lieu toutes les élections du peuple, ses exercices militaires, les arbitrages de la paroisse et les instructions politiques, choisissant pour cela un des jours de la semaine déja détaché du travail; vous économiserez sur le tems, et le reste de la semaine sera consacré à l'industrie. Quoi qu'il en soit, je vais continuer comme si je n'avois rien suggéré là-dessus.

L'ordre civil établi dans la République et l'exécution des loix, doivent être l'inverse de ce que l'on observe dans les monarchies.

Il faut que le peuple soit assiduement instruit par les réglemens et par le langage des conventions et des législatures; que ces instruc-

((44))

tions, que le conseil national distribuera
parmi les citoyens, les portent à se considérer
réciproquement comme frères ; et que tous les
différends soient jugés dans les divisions primaires, comme dans les décennaires des
Saxons et des Francs, par *arbitrage et sans dépens*. Ces arbitrages peuvent ne pas obtenir
une approbation générale ; ainsi, il convient
de diviser en districts les départemens, et que,
dans chaque district, il y ait voie d'appel pardevant une députation de toutes les divisions
primaires, laquelle prononcera sur les disputes
entre division et division. De cette députation,
on pourroit interjeter appel à la cour du département, et de-là à la cour nationale d'appel. Il faut que, tous les ans, les arbitres du district soient choisis par les divisions primaires ;
les juges du département, par toutes les divisions du département ; et les juges de la cour
nationale d'appel, par toutes les divisions de
la nation. Dans toutes les cours d'appel, les
décisions doivent être prononcées par des jurés
choisis comme en Angleterre, et comprendre
la loi et le fait tant au civil qu'au criminel.
Toutes ces élections, excepté celles des
officiers destinés à conduire les citoyens
armés, l'exercice de ces citoyens et leur

instruction dans les cas et dans les évènemens publics ; pourroient généralement faire partie des occupations et entrer dans les amusemens des dimanches , pour ne point porter atteinte à l'industrie nécessaire du peuple. Ces élections néanmoins doivent toutes avoir lieu à des époques fixées.

Ce mode d'élection par délégations chargées du *choix absolu et du commandement exprès* des divisions primaires , doit , dans le département de la justice civile et criminelle , commencer par les arbitres des premières divisions , comprendre tous les juges et aboutir au ministre de la justice, si l'on juge qu'un tel officier soit nécessaire. Dans le département de la guerre, l'élection commencera par les conducteurs des chefs de famille du district , où , depuis l'âge de 18 ans jusqu'à celui de 55 , tout citoyen doit être soldat et remplir en personne les devoirs de la police à moins qu'il n'exerce des fonctions incompatibles avec ces devoirs , et se terminera par le ministre de guerre. Au marins militaires appartient le choix des officiers de marine , jusqu'au ministre de la marine, lui-même. Dans le département des finances, il faut que l'élection des collecteurs commence de la même manière et se termine

par le ministre des finances. Enfin, l'élection
du conseil constitutionnel doit être accompa-
gnée de celle du ministre des affaires étrangères, et de l'élection de ceux que l'on doit re-
garder comme les instrumens de l'instruction,
de la perfection et de la fraternité universelles,
je veux dire les ambassadeurs auprès des
puissances étrangères.

Tous les offices doivent être destitués du droit
de patronage, qui ne doit pas s'étendre au-delà
des serviteurs immédiats de chaque office ; et
il faut que les départemens constitutionnel, lé-
gislatif et officiel puissent être cités collecti-
vement au tribunal du peuple, par commis-
sions spéciales, et individuellement pardevant
la cour nationale d'appel ; car il peut se faire
que les différentes parties du gouvernement
en viennent souvent à des rivalités, et se
donnent, l'une à l'autre, des sujets de plaintes
accidentellement. Or, dans ce cas, il ne faut
pas qu'elles aient jamais le pouvoir de con-
damner, soit par l'abandon de leur propre
corps, ou par l'abandon d'aucun des membres
qui le composent.

En ôtant à tous les ministres, ainsi qu'aux
offices, le droit de patronage, le département
exécutif deviendra un devoir, et non un pou-

voir qui éternellement lutteroit et intrigueroit contre son constituant. Une pareille mesure aura-t-elle une pleine efficacité ? oui ; et c'est ce que les grands événemens de la révolution françoise ont tous incontestablement prouvé ; car les officiers exécutifs là où il s'est agi de l'intérêt public , non-seulement étoient sans patronage, mais ils sont venus à bout de leurs desseins, pendant que tous les effets du patronage général étoient réellement dans les mains de l'ennemi.

D'après un plan semblable , le sentiment national , l'inclination du peuple et son vœu se transmettront des divisions primaires et stationnaires aux assemblées conventionnelle et législative, par des délégués qui délivreront des décisions et des ordres absolus. C'est à la faveur d'un tel plan que l'on peut obtenir la volonté de la majorité de *tout le peuple* ; car tout le peuple peut l'exprimer sans inconvénient , et nul homme n'abandonnera l'exercice d'un droit et l'usage d'un pouvoir actif qu'il peut aisément exercer : au lieu que si l'on suit le mode actuel , ou les modes proposés en Angleterre , et suivant lesquels le peuple doit se réunir en assemblées nombreuses; la besogne se partagera entre les riches et les intrigans , et une oligarchie vicieuse , abominable , formera la base de la structure politique.

La volonté du peuple ainsi transmise à ses délégations consitutionnelle et législative , on pourra comparer entr'elles toutes les parties et toutes les variations de cette volon-é , délibérer là-dessus , et en transmettre au peuple en retour le résultat par le conseil constitutionnel , et par une presse absolument libre , qui ne soit responsable que des injures sur lesquelles un juré prononcera. De cette manière, la raison publique , ( et cette raison comprendra généralement la sagesse de la nation , si ce n'est celle du monde ) sans cesse corrigera par degré et perfectionnera la volonté publique ; et les lois de la République deviendront synonimes des loix de la sagesse.

Pour exécuter de telles loix , il ne faut point ou presque point d'efforts : car dans tous les cas, nous trouvons que la volonté publique , unie à la force pnblique, peut toujours se mettre elle-même à exécution. Ainsi , en formant un gouvernement sage et en le perfectionnant, vous diminuez par degré le besoin et la nécessité d'avoir un gouvernement, et vous préparez les hommes à un état auquel je crois qu'il est pos-

sible de s'élever , mais que je ne tenterai pas
de décrire, dans la crainte que l'on ne m'accuse
de mêler improprement les fictions de la
poésie, avec les méditations de la politique.

Je ne puis néanmoins me dispenser de faire
mention d'une conséquence qui résulte immédiatement de l'établissement des communautés,
je veux dire une paix générale et permanente
dans le monde , laquelle ne peut s'obtenir et
devenir stable autrement que par des constitutions politiques sagement organisées. Les
préceptes de la sagesse ou d'une religion mo-
rale ne peuvent être saisis que par un petit
nombre d'individus : mais pour prévenir la
guerre, les communautés entières doivent avoir
le pouvoir de juger de leurs intérêts généraux ;
et les vraies mesures pour la formation de ce
jugement , pour constituer la force intérieure
et pour l'exécution de la volonté générale ,
doivent rendre la guerre au-dehors contraire
aux convenances, à tel point qu'elle soit presque
impraticable. C'est pourquoi , et j'ai cela de
commun avec des millions d'individus , je
souhaite que la constitution françoise soit of-
ferte à l'attention publique. C'est cette constitution , que les despotes et les instrumens

du despotisme redoutent comme leur ennemi le plus fatal et plus formidable. *L'exemple* fera évanouir leurs sophismes, et dissipera jusqu'à leurs armées, avec plus de célérité que ne le feront les *conquêtes de la liberté.*

F I N.